YAKARI

WIMMELBUCH

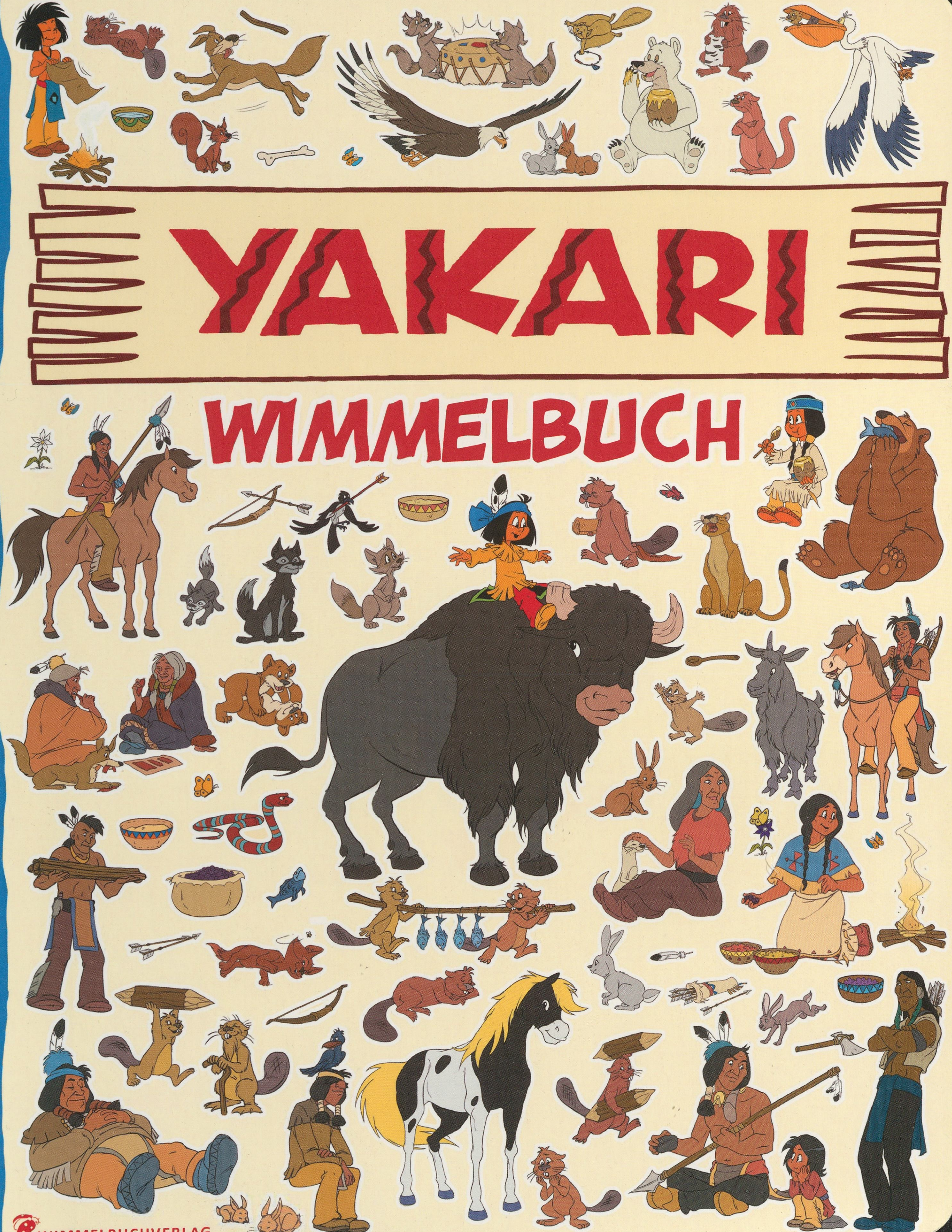

WIMMELBUCHVERLAG

YAKARI
WIMMELBUCH

Komm mit und entdecke die Welt des kleinen Indianerjungen Yakari. Gemeinsam mit seinen Freunden Regenbogen und Kleiner Dachs erlebt er viele aufregende Abenteuer. Sein Pferd Kleiner Donner ist immer mit dabei.

Hier findest du immer etwas Neues zum Staunen und Lachen!

Was bekommt Träumender Bär geschenkt?

Stiller Fels und Schnelle Schildkröte genießen das Leben.

Mit wem nascht Regenbogen Honig?

Was haben die Biber mit dem Holz vor?

Kleiner Donner ist immer für Yakari da.

Kleiner Dachs hat eine Fußspur entdeckt! Wohin sie wohl führt?

Nanu? Was macht Fettauge denn da?

ISBN 978-3942491358

9 783942 491358

MIX Karton | Fördert gute Waldnutzung FSC® C021195

www.wimmelbuchverlag.de

Friedrichstr.126 10117 Berlin

2. Auflage

Illustrationen: Madlen Frey
Printed in Germany 2023